9782036073562
W0270391
ET
DE MÉMOIRE
& SOLUTIONS

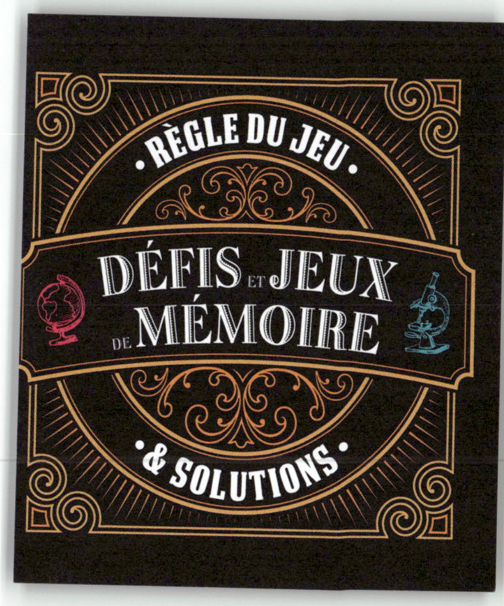
RÈGLE DU JEU
DÉFIS ET JEUX DE MÉMOIRE
& SOLUTIONS

RÈGLE DU JEU

De 1 à 12 joueurs

Notre mémoire nous joue parfois des tours : combien de fois un nom d'objet ou de personne, un événement, le titre d'un film ou d'une série, etc. titillent notre cerveau pour finalement nous échapper complètement ou, subitement, revenir à nous ? C'est le ressort même du jeu proposé dans ce coffret contenant des cartes avec 250 questions et un livret de réponses.

« Défis et jeux de mémoire » est à la fois un jeu de connaissances, de mémoire et de rapidité.

Il porte sur de nombreuses disciplines, sciences, histoire et géographie, mais aussi sur le monde de la télévision et la vie quotidienne : chacun a ses chances de gagner à ce jeu.

Le principe du jeu est extrêmement simple, mais nous n'avons pas affaire ici à un quiz classique.

En effet, la particularité des questions posées pour 7 catégories réside dans le fait que la réponse comporte plusieurs éléments. Toutes les réponses, sauf une, sont lues dans la continuité de la question. Le but du jeu sera ainsi de découvrir quelle est la réponse manquante.

Pour 2 catégories, les questions feront appel à votre mémoire visuelle pour l'une, et à votre mémoire immédiate pour l'autre.

Selon le nombre de joueurs présents, de 1 à 12, trois modes de jeu vous sont proposés.

Préparation du jeu

Les cartes sont disposées au centre de la table, catégorie par catégorie. 9 paquets sont ainsi constitués.

Les réponses ne figurant pas sur la carte, il est toujours possible de montrer la carte aux joueurs après avoir posé la question.

Déroulement de la partie

Pour 1 joueur

Creusez vos méninges en 15 minutes chrono ! Prenez au hasard une carte de chaque catégorie et disposez-les devant vous. Vous avez 15 minutes pour trouver les bonnes réponses. En cas de doute, vous avez le droit de changer 3 questions de votre choix en retournant la carte.

Puis inscrivez vos réponses sur un papier, et vérifiez dans le livret les réponses. Notez votre résultat et recommencez une partie pour battre votre record !

De 2 à 6 joueurs

Le joueur le plus âgé tire une carte dans le paquet le plus à gauche et lit la question (et les réponses !)

à ses adversaires. Les autres joueurs (et non celui qui pose la question) doivent donner aussi vite que possible la réponse manquante. Le premier à avoir la bonne réponse marque un point.
Puis, le jeu continue avec le joueur placé à la gauche du précédent, qui pose une question dans le paquet situé juste à côté de celui utilisé au tour précédent.

De 7 à 12 joueurs : jouez en équipes !

Le principe du jeu est le même que précédemment.

Cependant, si aucune des équipes adverses n'a trouvé la bonne réponse à la question, votre coéquipier a le droit de donner une réponse. Si elle est la bonne, votre équipe marque le point.

Fin du jeu

Le premier joueur ou la première équipe à marquer 3 points dans 3 catégories différentes a gagné une manche.

3 manches remportées ? C'est gagné ! Sinon, décidez ensemble du nombre de manches qu'il faut remporter pour gagner une partie.

Si vous êtes un nombre de joueurs impair : jouez en mode « bataille » !
Un des joueurs peut décider d'être le maître du jeu. Il se met alors « hors jeu », pose les questions aux autres joueurs et valide les réponses.
Chaque joueur ou équipe doit être le plus rapide pour trouver la bonne réponse.
Le maître du jeu reporte sur une feuille les scores les équipes remportant une manche et déclare le(s) vainqueur(s).

Pour jouer encore plus longtemps...
... et prolonger le plaisir du jeu, deux possibilités s'offrent à vous :

1. La personne qui lit la question peut changer les réponses, en intervertissant une réponse sur la carte avec celle du livret !
2. Créez vous-même vos questions, en les adaptant à votre entourage. Notez-les sur le livret, avec l es réponses.

Par exemple, si vous jouez en famille :
Quels sont les quatre posters affichés dans la chambre de Stéphanie ?
Quels sont les trois clubs de football dans lesquels a joué papy Marcel ?
Ou, si vous jouez avec une bande de vieux copains :
Quels ont été les quatre modèles de voiture conduits par Michel ?
Quelles sont les cinq villes dans lesquelles j'ai habité depuis mes 18 ans ?

La durée de vie du jeu s'en trouve décuplée.

Amusez-vous bien !

SOLUTIONS

À LIVRES OUVERTS

Carte 1 Gaspard
Carte 2 William
Carte 3 Boromir
Carte 4 Voltaire
Carte 5 la Torah
Carte 6 Babaorum
Carte 7 l'envie
Carte 8 *L'Éducation sentimentale*
Carte 9 François
Carte 10 *Tintin au Tibet*
Carte 11 le chat Pattenrond
Carte 12 Athos
Carte 13 l'âge de fer
Carte 14 Matthieu
Carte 15 *Le Temps des secrets*
Carte 16 *Cinquante Nuances de Grey*
Carte 17 Caroline, la tortue
Carte 18 les rimes croisées

Carte 19 la justice

Carte 20 Fraternels

Carte 21 *Du côté de chez Swann*

Carte 22 le pèlerinage à La Mecque

Carte 23 la Chose

Carte 24 William Shakespeare

Carte 25 Alceste

Carte 26 *Le Chien des Baskerville*

Carte 27 *Voyage au centre de la Terre*

Carte 28 *Hannibal*

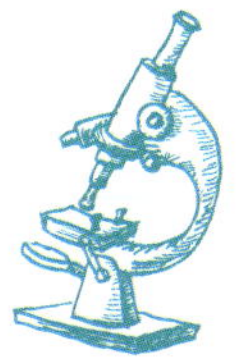

AINSI VA LE MONDE

Carte 1 Essonne
Carte 2 Michigan
Carte 3 les îles Canaries
Carte 4 l'océan Indien
Carte 5 l'Italie
Carte 6 l'Angola
Carte 7 l'Océanie
Carte 8 la Russie
Carte 9 Mayotte
Carte 10 l'Andorre
Carte 11 la Région wallonne
Carte 12 Queens
Carte 13 Californie
Carte 14 la Haute-Vienne
Carte 15 l'occitan
Carte 16 le Maroc
Carte 17 l'Italie
Carte 18 l'Etna
Carte 19 le Royaume-Uni
Carte 20 le Jura

Carte 21 la Chine
Carte 22 l'italien
Carte 23 le Brésil
Carte 24 les Côtes-d'Armor (Côtes-du-Nord)

Carte 25 le Costa Rica
Carte 26 l'île d'Oléron
Carte 27 le Gard
Carte 28 la Seine

AVEC OU SANS CASQUE

Carte 1 Paris
Carte 2 George Harrison
Carte 3 l'Uruguay
Carte 4 le fou

Carte 5 Florence Arthaud
Carte 6 Jermaine
Carte 7 Yoshi
Carte 8 Miguel Induráin

Carte 9 David Trezeguet

Carte 10 gare Saint-Lazare

Carte 11 le poireau gallois

Carte 12 le bécarre

Carte 13 Lawrence d'Arabie

Carte 14 Liverpool

Carte 15 le papillon

Carte 16 Keith Richards

Carte 17 l'escrime

Carte 18 Posh (Victoria Beckham)

Carte 19 Cédric Pioline

Carte 20 l'Afrique du Sud

Carte 21 le ski de fond

Carte 22 le baryton

Carte 23 la Juventus de Turin

Carte 24 le cor

Carte 25 René Lacoste

Carte 26 le drop

Carte 27 le lancer de disque

Carte 28 Luciano Pavarotti

ESPRITS PRATIQUES

Carte 1 Assomption

Carte 2 l'indigo

Carte 3 l'impératif

Carte 4 les élections régionales

Carte 5 le radius

Carte 6 le Dragon

Carte 7 un joujou

Carte 8 le temps

Carte 9 les prémolaires

Carte 10 la cuillère à café

Carte 11 Buzz Aldrin

Carte 12 *L'Équipe*

Carte 13 Jupiter

Carte 14 les protons

Carte 15 le trias

Carte 16 le goût

Carte 17 ventrale ou pelvienne

Carte 18 l'acte de mariage

Carte 19 le manteau

Carte 20 les plaquettes

Carte 21 la Gendarmerie nationale

Carte 22 mollet

Carte 23 le derme

Carte 24 l'annulaire

Carte 25 la muscade

Carte 26 le groupe AB

Carte 27 l'amer

Carte 28 le rubis

PAR LA LUCARNE

Carte 1 TV6

Carte 2 Maggie

Carte 3 Louis Bertignac

Carte 4 Sue Ellen

Carte 5 Daniel Prévost

Carte 6 Pedro

Carte 7 France Bleu

Carte 8 il fume le cigare

Carte 9 Mary

Carte 10 Christophe Dechavanne

Carte 11 Daphné

Carte 12 Bernard Campan

Carte 13 Phoebe

Carte 14 Laurence Ferrari

Carte 15 Évelyne Leclercq

Carte 16 Los Angeles

Carte 17 Charlie

Carte 18 la Vie

Carte 19 Benjamin Castaldi

Carte 20 Virginia Drummond

Carte 21 Dominique Farrugia

Carte 22 Laurent Cabrol

Carte 23 Jean-Pierre Castaldi

Carte 24 Samantha

Carte 25 Philippe Risoli

Carte 26 l'appel à un ami

Carte 27 Jon Snow

Carte 28 le Marchand de sable

Carte 29 sa femme, Claire Underwood

Carte 30 Lynette Scavo

SILENCE, ON JOUE !

Carte 1 *La Revanche des Sith*

Carte 2 César

Carte 3 *Le crime était presque parfait*

Carte 4 Timide

Carte 5 Marie

Carte 6 Francis Huster

Carte 7 *La Traversée de Paris*

Carte 8 Santino, dit Sonny

Carte 9 Les Compères

Carte 10 Timothy Dalton

Carte 11 *Indiana Jones et le Royaume du crâne de cristal*

Carte 12 Dominique Lavanant

Carte 13 *Killers of the Flower Moon*

Carte 14 l'unité d'action

Carte 15 *Les Quatre Cents Coups*

Carte 16 *Le Trésor de Rackham le Rouge*

Carte 17 *Titanic*

Carte 18 Aldo Maccione

Carte 19 *La Grande Vadrouille*

Carte 20 *Mort sur le Nil*

Carte 21 le maître d'armes

Carte 22 *Reservoir Dogs*

Carte 23 Félix

Carte 24 *Opération Dragon*

Carte 25 *À l'est d'Éden*

Carte 26 *Le Goût des autres*

Carte 27 Jacques Brel

Carte 28 *Casse-tête chinois*

Carte 29 *La Cage aux folles*

Carte 30 *Sissi*

TOUTE UNE HISTOIRE

Carte 1 Georges Pompidou

Carte 2 Khephren

Carte 3 Omaha

Carte 4 Theodore Roosevelt

Carte 5 Gordon Brown

Carte 6 le Luxembourg

Carte 7 Jimmy Carter

Carte 8 le colosse de Rhodes

Carte 9 la Pologne

Carte 10 Poséidon

Carte 11 brumaire

Carte 12 l'Aquitaine

Carte 13 Édouard Balladur

Carte 14 l'aigle

Carte 15 l'Italie

Carte 16 la Louisiane

Carte 17 les Girondins

Carte 18 le Vatican

Carte 19 Néron

Carte 20 Félix Faure

Carte 21 Khrouchtchev

Carte 22 Apollon

Carte 23 Franklin D. Roosevelt

Carte 24 Pétain

Carte 25 les Capétiens

Carte 26 l'Autriche

Carte 27 le Sénégal

Carte 28 Louis XIII

Direction de la publication : Carine Girac-Marinier
Édition : Nadine Martrès
Conception graphique : Frédéric Manlay
Informatique éditoriale : Philippe Cazabet
Lecture-correction : Élisabeth Le Saux
Fabrication : Émilie Peyrou

Illustrations : Shutterstock.com

© Éditions Larousse 2024

Toute reproduction ou représentation intégrale ou partielle, par quelque procédé que ce soit, du texte et/ou de la nomenclature contenus dans le présent ouvrage, et qui sont la propriété de l'Éditeur, est strictement interdite.

ISBN : 978-2-03-607356-2

Achevé d'imprimer en RPC

Dépôt légal : septembre 2024

337027/01 - 11056007 - avril 2024